A selection of prayers by 'Abdu'l-Bahá
for children

تعدادی از مناجات های حضرت عبدالبهاء
برای کودکان

پروردگارا، قلب صافی چون دُرّ عطا فرما.

٦

He is God!

O God my God, Bestow upon me a pure heart, like unto a pearl.

'Abdu'l-Bahá

هو الله

خدایا هدایت نما، حفظ فرما، سراج روشن کن، ستاره درخشنده نما،
توئي مقتدر و توانا.

ع ع

O God, guide me, protect me, make of me a shining lamp and a brilliant star. Thou art the Mighty and the Powerful.

'Abdu'l-Bahá

هو الله

خداوندا، این طفل صغیر را در آغوش محبّتت پرورش فرما و از ثدی عنایت شیر ده. این نهال تازه را در گلشن محبّتت بنشان و به رشحات سحاب عنایت پرورش ده از اطفال ملکوت کن و به جهان لاهوت هدایت فرما. توئی مقتدر و مهربان و توئی دهنده و بخشنده و سابق الإنعام.

ع ع

O God! Rear this little babe in the bosom of Thy love, and give it milk from the breast of Thy Providence. Cultivate this fresh plant in the rose garden of Thy love and aid it to grow through the showers of Thy bounty. Make it a child of the kingdom, and lead it to Thy heavenly realm. Thou art powerful and kind, and Thou art the Bestower, the Generous, the Lord of surpassing bounty.

'Abdu'l–Bahá

هو الله

رَبِّی رَبِّی کودکم خردسال از پستان عنایت شیر ده و در آغوش محبّتت پرورش بخش و در دبستان هدایت تعلیم فرما و در ظلّ عنایتت تربیت کن، از تاریکی برهان، شمع روشن کن و از پژمردگی نجات داده گل گلشن فرما، بنده آستان کن و خلق و خوی راستان بخش، موهبت عالم انسانی کن و تاجی از حیات ابدیّه بر سر نه. توئی مقتدر و توانا و توئی شنونده و بینا.

ع ع

O my Lord! O my Lord! I am a child of tender years. Nourish me from the breast of Thy mercy, train me in the bosom of Thy love, educate me in the school of Thy guidance and develop me under the shadow of Thy bounty. Deliver me from darkness, make me a brilliant light; free me from unhappiness, make me a flower of the rose garden; suffer me to become a servant of Thy threshold and confer upon me the disposition and nature of the righteous; make me a cause of bounty to the human world, and crown my head with the diadem of eternal life. Verily, Thou art the Powerful, the Mighty, the Seer, the Hearer.

'Abdu'l–Bahá

هو الله

خداوندا چگونه ترا شکر نمائیم نعماء تو نامتناهی است و شکرانه ما محدود چگونه محدود شکر غیر محدود نماید عاجزیم از شکر الطاف تو و بکمال عجز توجّه بملکوت تو مینمائیم و طلب ازدیاد نعمت و عطای تو میکنیم توئی دهنده و بخشنده و توانا.

ع ع

O Lord! How shall we thank Thee! Thy bounties are limitless, and our gratitude but limited. How can the limited render thanks to the limitless? Incapable are we of offering thanks for Thy mercies. Utterly powerless, we turn unto Thy Kingdom, and beg Thee to increase Thy bestowal and bounty. Thou art the Giver, Thou art the Bestower, Thou art the Powerful.

'Abdu'l-Bahá

خدایا طفلم در ظل عنایتت پرورش ده. نهال تازه ام برشحات سحاب عنایت پرورش فرما. گیاه حدیقه محبتم درخت بارور کن. توئی مقتدر و توانا و توئی مهربان و دانا و بینا.

ع ع

O Lord! I am a child; enable me to grow beneath the shadow of Thy loving-kindness. I am a tender plant; cause me to be nurtured through the outpourings of the clouds of Thy bounty. I am a sapling of the garden of love; make me into a fruitful tree. Thou art the Mighty and the Powerful, and Thou art the All-Loving, the All-Knowing, the All-Seeing.

'Abdu'l-Bahá

هو الله

ای خداوند بیمانند، این طفل شیر خوار را از پستان عنایت شیر ده و در مهد صون و حمایت محفوظ و مصون دار و در آغوش الطاف پرورش ده.

ع

O Thou peerless Lord! Let this suckling babe be nursed from the breast of Thy loving-kindness, guard it within the cradle of Thy safety and protection and grant that it be reared in the arms of Thy tender affection.

'Abdu'l-Bahá

هوالله

ای پروردگار پدر و مادر این بندۀ درگاه را در دریای غفران غوطه ده و از گناه و خطا پاک و مقدّس نما عفو و بخشش شایان نما و غفران و آمرزش ارزان کن توئی آمرزنده و توئی غفور توئی بخشندۀ فیض موفور ای آمرزگار هرچند گنه کاریم ولی امید بوعد و نوید تو داریم و هرچند در ظلمت خطا مبتلائیم ولکن توجّه بصبح عطا داشته داریم بآنچه سزاوار درگاه است معامله کن و هر چه شایگان بارگاه است شایان فرما توئی غفور توئی عفوّ و توئی بخشندۀ هر قصور.

ع ع

O Divine Providence! Immerse the father and mother of this servant of Thy Threshold in the ocean of Thy forgiveness, and purge and sanctify them from every sin and transgression. Grant them Thy forgiveness and mercy, and bestow upon them Thy gracious pardon. Thou, verily, art the Pardoner, the Ever-Forgiving, the Bestower of abundant grace. O Thou forgiving Lord! Though we are sinners, yet our hopes are fixed upon Thy promise and assurance. Though we are enveloped by the darkness of error, yet we have at all times turned our faces to the morn of Thy bountiful favours. Deal with us as beseemeth Thy Threshold, and confer upon us that which is worthy of Thy Court. Thou art the Ever-Forgiving, the Pardoner, He Who overlooketh every shortcoming.

'Abdu'l-Bahá

هو الله

ای خدای پر عطای ذوالمنن — واقف جان و دل و اسرار من

در سحرها مونس جانم توئی — مطلع بر سوز و حرمانم توئی

هر دلی پیوست با ذکرت دمی — جز غم تو می نجوید محرمی

خون شود آن دل که بریان تو نیست — کور به چشمی که گریان تو نیست

در شبان تیره و تار ای قدیر — یاد تو در دل چو مصباح منیر

از عنایاتت به دل روحی بدم — تا عدم گردد ز لطف تو قدم

در لیاقت منگر و در قدر ها — بنگر اندر فضل خود ای ذوالعطا

این طیور بال و پر اشکسته را — از کرم بال و پری احسان نما.

ع ع

O Lord so rich in bounty, so
replete with grace,

Whose knowledge doth
mine inmost heart and soul
embrace!

At morn, the solace of my soul
is none but Thee;

The knower of mine ardent
goal is none but Thee.

The heart that for a moment
hath Thy mention known

Will seek no balm save longing
pain for Thee alone.

Withered be the heart that
sigheth not for Thee,

And better blind the eye that
crieth not for Thee!

In all mine hours of deepest
gloom, O Lord of might,

My heart hath Thy
remembrance for a shining
light.

Do, through Thy favour,
breathe Thy spirit into me,

That what hath never been
may thus forever be.

Consider not our merit and
our worth,

O Lord of bounty, but the
grace Thou pourest forth.

Upon these broken–winged
birds whose flight is slow

Out of Thy tender mercy
newfound wings bestow.

'Abdu'l–Bahá

منابع

۱) هوالله – جلد ۱ – ص ۱۱

۲) هوالله – جلد ۱ – ص ۸

۳) هوالله – جلد ۱ – ص ۱۳

۴) مجموعه مناجاتها حضرت عبد البهاء – جلد ۱ – ص ۴۶

۵) مائده اسماني – جلد ۵ – ص ۲۵۶

۶) هوالله – جلد ۲ – ص ۲

۷) هوالله – جلد ۱ – ص ۴

۸) نيايش و ستايش – ص ۱۶۸

۹) هوالله – جلد ۱ – ص ۱

References

1. Bahá'í Prayers: A Selection of Prayers Revealed by Bahá'u'lláh, the Báb, and 'Abdu'l-Bahá, p. 37

2. Bahá'í Prayers: A Selection of Prayers Revealed by Bahá'u'lláh, the Báb, and 'Abdu'l-Bahá, p. 37

3. Bahá'í Prayers: A Selection of Prayers Revealed by Bahá'u'lláh, the Báb, and 'Abdu'l-Bahá, p. 35

4. Bahá'í Prayers: A Selection of Prayers Revealed by Bahá'u'lláh, the Báb, and 'Abdu'l-Bahá, p. 37–38

5. HM Balyuzi, 'Abdu'l-Bahá, the Centre of the Covenant, p. 307

6. Bahá'í Prayers and Tablets for Children – www.bahai.org

7. Bahá'í Prayers and Tablets for Children – www.bahai.org

8. Bahá'í Prayers and Tablets for Children – www.bahai.org

9. Bahá'í Prayers and Tablets for Children – www.bahai.org

9 781778 121609